CLÉMENT-JANIN

FRÉDÉRIC FLORIAN

DESSINATEUR ET GRAVEUR SUR BOIS

PARIS

CHARLES MEUNIER

54-56, Rue Laffitte

1911

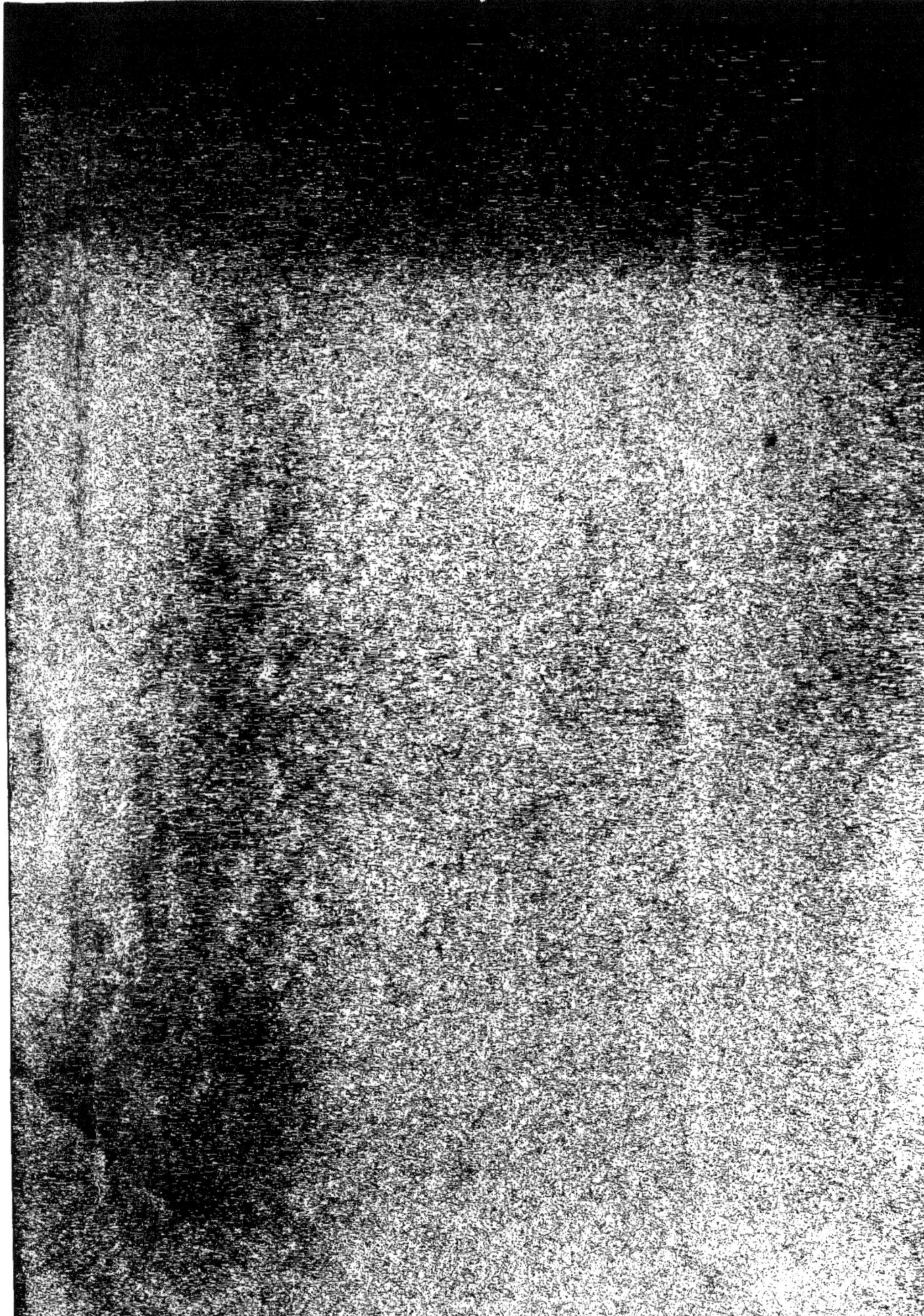

Ch. HESSÈLE, Éditeur, 54-56, Rue Laffitte, Paris

GÉRARD DE NERVAL

LES FILLES DU FEU

2 volumes in-8° Jésus, illustrés chacun de 80 compositions en noir et en couleurs, dessinées et gravées sur bois par

FRÉDÉRIC FLORIAN

Préface de CLÉMENT-JANIN

1er volume : *ANGÉLIQUE, ÉMILIE*
2e volume : *SYLVIE, JEANNE, OCTAVIE, ISIS, CORILLA.*

Première édition complète illustrée de cet ouvrage capital de Gérard de Nerval.

CONDITIONS DE LA SOUSCRIPTION

N°s 1 à 45. — 45 exemplaires sur Japon ancien, numérotés de 1 à 45 avec deux états des planches . . . . *Les deux volumes* Frs. **500**

N°s 46 à 50. — 5 exemplaires sur papier de Chine numérotés de 46 à 50 avec deux états des planches . . . . *Les deux volumes* Frs. **500**

N°s 51 à 75. — 25 exemplaires sur papier d'Arches numérotés de 51 à 75 avec deux états des planches . . . . *Les deux volumes* Frs. **500**

N°s 76 à 325. — 250 exemp. sur papier d'Arches, numérotés de 76 à 325. *Les deux volumes* Frs. **200**

Tous ces exemplaires seront numérotés à la presse.

Quinze exemplaires non numérotés seront destinés aux collaborateurs et au dépôt légal.

Les souscriptions seront reçues dès à présent chez tous les libraires. A l'apparition de l'ouvrage tous les exemplaires subiront une augmentation de prix.

BULLETIN DE SOUSCRIPTION

Je soussigne ____

demeurant à ____

souscrit à _______ *exemplaire___ de Gérard de Nerval*, Les Filles du Feu, *en deux volumes in 8° jésus, au*

prix de _______________ *payables* _______________________________

Date ___________________________   S_{IGNATURE} :

Adresse ____

Ch. HESSÈLE, Éditeur, 54-56, Rue Laffitte, Paris

CLÉMENT-JANIN

COUPS D'ŒIL SUR PARIS

ILLUSTRÉS DE 84 COMPOSITIONS DE

CHARLES HEYMAN

DONT 21 EAUX-FORTES ORIGINALES ET 63 DESSINS GRAVÉS SUR BOIS

par

P.-E. VIBERT

1 volume in-8° jésus tiré à 325 exemplaires numérotés

Donner de véridiques aspects de la Capitale, par la plume, par la pointe et par le crayon, tel a été le but poursuivi dans les COUPS D'ŒIL SUR PARIS.

Le texte de M. CLÉMENT-JANIN est alerte, pittoresque, documentaire et précis. L'écrivain, bien qu'obligé à une extrême concision, a cependant pu réaliser ce tour de force de dire des choses exactes, sans sécheresse, dans une forme attrayante et rapide.

Les eaux-fortes et croquis de M. Charles HEYMAN ne plairont pas moins. M. Charles HEYMAN a noté, avec beaucoup d'originalité, dans chaque arrondissement les endroits typiques où les architectures, l'ombre et la lumière, les arbres, le ciel ou l'eau, jouent leurs féeries incessamment variées et toujours nouvelles, quelle que soit l'ancienneté du décor. Sa pointe, nette et brillante, sait dire l'essentiel avec délicatesse, ne choit jamais dans l'insuffisant ni dans le confus.

Les dessins en-texte, que M. P.-E. VIBERT a interprétés en bois avec sa belle intelligence et sa fermeté colorée, participent des mêmes qualités générales que les eaux-fortes, mais ne sont que des croquis, dont ils possèdent la saveur et le prime-saut.

Les deux auteurs : M. CLÉMENT-JANIN et M. CHARLES HEYMAN, ont jeté sur Paris les COUPS D'ŒIL qu'ils ont voulu. Ils ont ainsi fourni leur contribution à l'iconographie et à la description du Paris de 1910 ; ils l'ont fait avec un sens très artistique et nous avons eu nous-même cette préoccupation en établissant ce volume.

Nous le livrons à l'appréciation des bibliophiles, dans l'espoir qu'ils reconnaîtront ces efforts et que le résultat obtiendra leur flatteuse approbation.

PRIX :

L'exemplaire sur papier d'Arches . . . . Frs. **125**

Il ne nous reste que quelques exemplaires avec deux états des planches sur papier d'Arches et sur Chine à . . . . Frs. **300**

CLÉMENT-JANIN

COUPS D'ŒIL AUTOUR DE PARIS

ILLUSTRÉS DE 84 COMPOSITIONS DE

ROBERT DUPONT

DONT 21 EAUX-FORTES ORIGINALES ET 63 DESSINS GRAVÉS SUR BOIS

1 volume in-8° jésus

Le succès qui a accueilli le premier volume de nos éditions d'art : Coups d'Œil sur Paris, nous a engagé à ne pas différer la réalisation de la deuxième partie du programme que nous nous étions primitivement tracé. En mars prochain, paraîtront les Coups d'Œil autour de Paris, du même format que les Coups d'Œil sur Paris, du même nombre de pages et d'illustrations. Ce nouveau livre sera donc en quelque sorte le second tôme d'un ouvrage complet en deux volumes, et les amateurs auront ainsi de la Grand'Ville un aspect *total*, car Paris ne comprend pas seulement ce que renferme son enceinte fortifiée mais encore ce qui constitue sa banlieue, annexes importantes et fort originales parfois de ses faubourgs.

Nous avons confié la rédaction de ce second volume à l'auteur du premier. M. Clément-Janin avait montré tant d'élégante concision, tant d'érudition légère et tant de variété dans son premier travail, qu'il était désirable qu'il appliquât aux Coups d'Œil autour de Paris les qualités qui avaient contribué au succès des Coups d'Œil sur Paris. L'unité de style établissait, d'ailleurs, dans notre pensée, le lien nécessaire entre les deux volumes.

Quant à l'illustration, il nous a paru que M. Robert Dupont, dessinateur plein de pittoresque et de couleur, donnerait de ces environs immédiats de Paris qu'il connaît bien et qu'il aime, une représentation à la fois vivante, évocatrice et exacte. Soit qu'il silhouette le monde élégant qui se presse dans les restaurants du Bois ou au Pesage, soit qu'il note les joyeux dimanches de Nogent, de Bougival ou de Robinson, soit qu'il crayonne les banlieues minables ou les banlieues gaies que desservent les bateaux, les tramways et les trains, sans confort, il sait toujours être artiste, être intéressant, être vrai.

L'illustration des Coups d'Œil autour de Paris sera donc nettement différente de celle des Coups d'Œil sur Paris. Ici, l'architecture devait prédominer ; là, c'est l'animation de la foule, les coins de nature, etc., à l'occasion, les beaux monuments dans leur cadre de verdure ou de ciel, qui doivent l'emporter. Ces « autours » de Paris ont leurs caractères. L'écrivain et l'artiste ont cherché, l'un et l'autre, à dégager ces caractères et à montrer ce qu'est Paris, hors Paris.

CONDITIONS DE LA SOUSCRIPTION

45 exemplaires sur papier Japon ancien, numérotés de 1 à 45 avec deux états des planches. Frs. **250**
5 exemplaires sur papier de Chine, numérotés de 46 à 50 avec deux états des planches. . Frs. **250**
25 exemplaires sur papier d'Arches, numérotés de 51 à 75 avec deux états des planches. . Frs. **250**
En outre, ces 75 exemplaires de luxe contiendront un tirage à part sur Chine des gravures sur bois.
250 exemplaires sur papier d'Arches, numérotés de 76 à 250 . . . . Frs. **100**
Tous ces exemplaires seront numérotés à la presse.
Quinze exemplaires non numérotés seront destinés aux collaborateurs.
Les souscriptions seront reçues chez tous les Libraires jusqu'au 31 Décembre 1911. Après cette date tous les exemplaires subiront une augmentation de prix.

FRÉDÉRIC FLORIAN

La plupart des bois qui illustrent cette plaquette sont de ceux que grava Frédéric Florian pour la *Revue Illustrée* de 1885 à 1902, d'après les dessins de MM. A. Besnard, Duez, Forain, Grasset, G. Jeanniot, Marold, Luc-Olivier Merson, Paul Renouard et Vierge, et qui nous ont été obligeamment prêtés par M. René Baschet.

M. Auguste Lepère a voulu reconnaître, en prêtant le bois de l'Église Saint-Maclou à Rouen, qu'il a dessiné, le talent assimilateur de son confrère, ce dont nous le remercions vivement.

Des épreuves sur chine des bois originaux de M. F. Florian ont été tirées en petit nombre par nos soins.

CLÉMENT-JANIN

FRÉDÉRIC FLORIAN

DESSINATEUR ET GRAVEUR SUR BOIS

PARIS

CHARLES HESSÈLE

54-56, Rue Laffitte

1911

Dessin et Gravure de F. FLORIAN.

FRÉDÉRIC FLORIAN

ES graveurs de reproduction ont cette destinée peu enviable de disparaître derrière les artistes qu'ils interprètent.

Au XVIIIe siècle, on parle d'Eisen, de Lawreince, de Huet, de Choffart, de Marillier, de Moreau-le-Jeune, on parle à peine de Basan, de Le Bas, de Launay, moins encore de Voyez, de Palas, de Guttenberg, de Martini, de Dalignon, **qui les** gravèrent, et cela ne fait pas compensation que l'on nomme Demarteau avant Boucher, Drevet avant Rigaud, Debucourt avant Vernet.

Au XIXe siècle, on cite Tony Johannot et non Porret ou Brévière, Meissonier et non Lavieille, Raffet et non Lavoignat. Encore sont ce là des graveurs dont une relative notoriété est venue éclairer les noms et les tirer de l'amas confus des dédaignés. Mais dans le public, et même dans le public bibliophile, qui connaît

Thiébault, Best, Lacoste, qui gravèrent, avec une douzaine d'Anglais, les bois célèbres du *Paul et Virginie* de Curmer? Qui connaît Birouste, Gérard, Loiseau, Fauquignon, qui gravèrent les Daumier des *Physiologies?* Qui connaît Réault, Bouton, Prédhomme, Pierdon, Jattiot, Louis, Laly, Diolet, etc., qui gravèrent les Doré des *Contes Drolatiques?* Qui connaît?... La liste serait inépuisable de ceux qui, de 183o à 187o, ornèrent de bois charmant les livres de cette période

Dessin de Albert Besnard pour *La Force psychique*, par Yveling Rambaud.

et ne récoltèrent point la part de gloire qui leur devait si justement revenir.

Pourtant, parfois, un manieur d'échoppe a la bonne fortune de se détacher en clair sur le peloton sombre de ses confrères inconnus. J'ai cité tout à l'heure Porret, Brévière, Lavieille, Lavoignat; on peut y ajouter Rouget, Joliet, Laisné, Robert, Perrichon, Gusman, Pannemacker, Pisan ; il faut de nos jours leur adjoindre Clément Bellenger, Froment père et Florian.

Florian (Frédéric) est né le 20 février 1858, à Saint-Aubin, dans le canton de Neuchâtel, en Suisse, non loin de ce Grandson où Charles-le-Téméraire subit la grave défaite qui commença son déclin.

Les débuts de Florian ne furent pas ce qu'on pense. Son apprentissage

Les mules entraient au galop...

Dessin de Daniel Vierge.

fut bien un apprentissage de graveur, mais de graveur en pièces d'horlogerie. Tout en s'exerçant à ce métier, il lui venait le désir de mieux faire avec l'outil qu'il avait dans la main.

Le hasard avait placé deux choses à sa portée, deux choses hétéroclites : une livraison du *Magasin Pittoresque* et un morceau de cerisier. Il scia le morceau de bois, le rabotta et le polit lui-même — son adresse manuelle était déjà très grande — puis il avisa un portrait dans le vieux numéro, le dessina sur son morceau de cerisier, le grava.

Illustration de L. MAROLD.

D'emblée, le voilà devenu graveur sur bois. Il continua, seul, sans maître, sans le moindre conseil, influencé uniquement par ce qui l'impressionnait et par ce qu'il trouvait beau. Mais il regardait, jugeait ; il admirait ses confrères lointains, dont les noms, illustres à ses yeux, se lisaient en lettres minces à l'angle inférieur des gravures : Froment, Pannemacker, Lepère, Lepère surtout !

Sur ces entrefaites, comme tant d'autres, il vint à Paris. Il avait vingt ans (1878). Sa vocation était décidée. Il entra au *Monde Illustré*, (1880). Le *Monde Illustré* était comme le conservatoire de la gravure sur bois. Le débutant croyait avoir encore à apprendre quelque chose, mais il savait déjà tout, il possédait déjà ce métier étourdissant qui le faisait sans rival. Il eût l'heureuse fortune de graver des dessins d'actualité en compagnie de Lepère, qui l'avait présenté au *Monde,* et qui venait de s'évader de la reproduction pour passer illustrateur.

Composition de GRASSET, parue dans le premier numéro
de la *Revue Illustrée* (15 décembre 1885).

Dans ce genre de gravure, il ne faut jamais se
répéter. Les sujets, traités par des artistes très
variés, requièrent des factures également variées.
De plus il faut travailler vite, ce qui donne la dexté-
rité et la sûreté de main indispensables. Cette période
préparatoire dura entre six et sept ans; la plupart des

bois qu'il produisit sont en collaboration et signés B. D. F. : Beltrand, Dété, Florian.

La première occasion qui se présenta pour le jeune artiste de faire une œuvre personnelle, fut son entrée à la *Revue Illustrée*, en 1885. Au *Monde Illustré,* les illustrateurs dominaient, à la suite de Vierge, qui avait insufflé une nouvelle vie au dessin d'actualité ; à la *Revue Illustrée,* ce furent les peintres. Ils apportaient leurs formules et leurs procédés. L'introduction de ces derniers dans un domaine où jusqu'alors le dessin avait régné seul, ne

fut possible que grâce à la photographie. C'est elle qui permit la réduction mécanique d'une peinture, au format de l'illustration, sans l'intermédiaire du dessinateur. Cette innovation survint à un moment où l'on était las de l'insuffisance des illustrateurs, — Vierge, Edmond Morin, Jeanniot, Renouard et deux ou trois autres mis à part. Elle ne fut pas un progrès, quel qu'ait été l'incontestable talent de certains. Car ces peintres ignoraient les principes de l'illustration, ou n'en tenaient pas compte, et continuaient à faire de la peinture.

Malgré cette erreur fondamentale, ils produisirent parfois des œuvres de réelle valeur.

Cul de lampe, par A. BESNARD.

La nécessité fut donc, pour le graveur d'appliquer une méthode nouvelle à cette nouvelle technique de l'illustration. L'abandon des formules traditionnelles s'imposait. Tous les procédés admis : combinaisons de points et de tailles, appropriation de telle facture pour rendre telle matière : chair, vêtement, bois, ciel ou eau, procédés ingénieux, hérités de Pisan, et venu même du beau temps du romantisme, n'avaient plus leur raison d'être. En présence d'une composition qui n'était plus un trait de plume, de crayon, de pinceau sur une feuille de papier ou sur un rectangle de bois, mais une grisaille peinte à l'huile, où rien n'était indiqué en vue de la gravure, tout était à interpréter par des moyens nouveaux.

Le caractère le plus saillant de ces grisailles étant la simplicité et l'égalité

Portrait du Poète François Coppée (Décembre 1885).
Dessin de Paul Renouard.

de facture, la gravure devait être simple. Elle devait, en outre, observer les
valeurs avec une rigueur à laquelle les dessins d'illustration ne l'avaient pas
habituée. Mieux encore, elle devait suivre la facture du peintre, lorsque cette
facture était trop apparente pour en permettre une autre sans trahison. De là,
nécessité de recourir à des tailles calculées pour dégager une forme, souligner

D'après une marine de E. Duez.

un geste, conserver une valeur, pour entrer en un mot dans l'intention du
peintre, et l'expliquer au besoin. Mais en même temps, nécessité de laisser toute
l'importance à l'œuvre interprétée, surtout quand elle était signée Besnard
ou Duez, et de subordonner entièrement le graveur au peintre. La facture du
graveur ne peut dominer que dans les choses faites spécialement pour la
gravure ou dans les productions d'un ordre inférieur, qui prennent de l'intérêt par leur transposition même.

C'est pour ces diverses considérations, fort intelligemment déduites, que
Fr. Florian, bien qu'il fut passé maître dans son métier et capable, comme un
autre, de couper des tailles énormes et des points fabuleux, adopta une

DÉCEMBRE

Décembres gais, radieux Décembres !
C'est le givre aux fleurs en diamants ;
C'est l'âtre où flamboient des ors, des ambres ;
C'est les longues nuits pour les amants.

Décembres noirs, lugubres Décembres !
C'est le glas qui tinte aux meurt-de-faim ;
C'est les quais glacés servant
   de chambres ;
C'est les nuits trop longues,
   nuits sans fin.

LA CHASSE AU MOYEN-AGE
Composition de Luc-Olivier Merson

gravure relativement fine, qui lui fut reprochée par certains et que d'autres s'empressèrent d'imiter. On peut donc considérer la suite des compositions de Besnard, pour l'illustration de *Force psychique*, d'Yveling Rambaud (1890),

Illustration de JEANNIOT pour le roman d'ÉMILE ZOLA : *Le Rêve*.

comme le point de départ de ce qu'on a appelé la gravure *américaine*, sottement destinée à rivaliser avec la simili. Mais Florian ne saurait être rendu responsable des excès de ses imitateurs. Il n'eut en vue que l'interprétation d'une composition peinte ou gouachée qui ne pouvait être rendue, à son avis, que par une certaine finesse de tailles, mais il ne fit pas de cette ténuité un caractère de la gravure sur bois contemporaine.

LA MORT DU SPORTSMAN

— Toi tu ne rentreras plus tous les matins à cinq heures!

Car, lorsqu'il eût à graver des dessins de dessinateurs, Vierge, Jeanniot, Renouard ou Forain, il adopta un tout autre procédé.

Ces dessins, les graveurs les interprétaient généralement au moyen de points hachés, surcoupés, reproduisant, en les exagérant les éraillures produites dans le trait par le grain du papier. C'était le dessin vu par son petit côté, par son pittoresque accidentel, une imitation niaisement fidèle, digne de la chambre noire. Florian comprit que l'art n'était pas dans cette servilité. Il rechercha l'intention du dessinateur, laquelle avait été, avant tout, de *faire un trait*. Il s'appliqua à traduire ce trait par un fac-similé rigoureux, en tenant compte de l'élément *valeur*, et en l'interprétant par des tailles, non plus par des points. Il donna à ces tailles des qualités différentes selon que le trait était fait au crayon Wolf (Renouard) ou à la pointe du pinceau (Forain) (1). C'était un peu le principe de Gaillard appliqué à la gravure sur bois, mais avec cette différence que Florian fac-similait, tandis que le maître-graveur de l'*Homme à l'Œillet*, interprétait. Mais quand Florian eût à interpréter les grands primitifs, c'est une facture se rapprochant de celle-là, aussi intelligente et aussi souple, qu'il adopta.

Le nombre de gravures sur bois de Florian, pendant cette période, est considérable. On se disputait, littéralement, sa collaboration. Son succès tenait, non seulement à son extrordinaire virtuosité, mais encore à ce que cette virtuosité était mise au service du dessin. Car lui-même savait dessiner et cela se sentait dans la fermeté de sa gravure. Il en donna une preuve décisive lorsque deux *magasines* américains, *Harper's* et *Scribner's*, lui demandèrent des bois d'après Mantégna, Botticelli, Filippo Lippi, D. Ghirlandajo, Dierick Bouts, etc. Ces revues américaines se seraient parfaitement contentées de l'habituelle transcription d'une photographie — ce qui, entre parenthèses, enlève tout intérêt à l'estampe ainsi obtenue — mais Florian vît plus juste et plus haut. Il considéra que, chez les primitifs, le dessin a une importance infiniment plus grande que la couleur et que c'est ce dessin si précis d'artistes

---

(1) C'est lui, également, qui réalisa une idée de Gillot, l'association de la gravure sur bois et de l'héliogravure, la première donnant le dessin et le modelé d'une peinture, la seconde en donnant la couleur. La couverture de la *Revue Illustrée*, *Le Copurchic*, de Jan van Beers, fut un petit événement dans le monde de l'édition, ainsi que la couverture de la *Grande Dame* et de la *Bibliothèque du Sport*, de chez Hachette.

PAGES MODERNES, par J.-L. Forain.

— Tiens! voilà Tiracinq, je vais lui emprunter les vingt louis qu'il m'a gagnés hier.
— Non, pas maintenant!... Je me sens trop laide.

qui avaient commencé par être orfèvres, c'est-à-dire par envisager d'abord la silhouette d'une figure, puis ses grandes lignes, puis ses accents, qui devait être conservé. Il dessina donc, avec cette préoccupation, les compositions qu'il avait à graver et ce furent de véritables chefs-d'œuvre qui sortirent de son burin. Ses planches, par leur fidélité dans le caractère et par leur sobriété, sont des exemples de grande gravure ; elles s'apparentent, aux beaux bois allemands ou vénitiens du xvi⁰ siècle.

La supériorité de Frédéric Florian était tellement reconnue, à la suite de ces divers ouvrages, que la Banque de France le chargea de graver le nouveau billet de Cent Francs qu'elle avait demandé à M. L.-O. Merson.

Ce n'était point une tâche facile ; il fallait que l'artiste se doublât d'un imprimeur et d'un chromiste, afin de multiplier les difficultés de tous genres et de décourager les contrefacteurs. Florian travailla deux ans. Il avait, en ce long délai, gravé une face du billet, quand la maladie vint l'arrêter. Son successeur ajouta deux bois à cette planche achevée, pour pouvoir signer sur les deux faces, et éviter la comparaison qu'on ne manquerait pas d'établir entre l'un et l'autre côté du billet, si chacun d'eux portait un nom différent. De là, l'incorrecte et lourde vignette qui a soulevé tant de critiques, de risées, et le désaveu catégorique de M. L.-O. Merson lui-même.

Mais, lorsqu'il sait dessiner, un graveur éprouve toujours quelque ennui à ne jamais être qu'en second, à se dissimuler derrière l'illustrateur, si contestable que soit le mérite de ce dernier. Son outil est souvent, en effet, la béquille qui soutient une composition molle et sans nerf, « lâchée » même parfois volontairement par l'artiste, qui compte sur la science de son interprète (1).

Florian ne tarda pas à ressentir cet ennui. Il eût l'ambition légitime de montrer qu'il était capable, lui aussi, d'ordonner une composition, de rendre le caractère d'un visage, de distribuer l'ombre et la lumière. Déjà, à la *Revue Illustrée,* il avait donné quelques dessins, puis, en 1897, la revue *L'Estampe et l'Affiche* lui avait dû son frontispice et ses rubriques de chapitres. En 1899, il put donner pour la première fois sa mesure.

---

(1) Il n'a même pas, le graveur, l'avantage de ses confrères en interprétation, l'instrumentiste, le comédien ou le chanteur, dont l'exécution ou le jeu l'emporte sur le thème. Ce dessin est épuisé par son intervention. Sa supériorité, si elle existe, ne bénéficie pas de la comparaison.

L'Église de Saint-Maclou, à Rouen.
Dessin de Auguste Lepère.

A cette époque, l'*Almanach du Bibliophile* qui, l'année précédente, avait été décoré par Bellery-Desfontaines, paraissait cette fois avec des illustrations de Fr. Florian. Il ne comprenait pas moins de 38 bois des plus variés : couverture, vues des quais de Paris, lettres ornées, calendriers, portraits, compositions allégoriques. C'était l'œuvre d'un homme doué, d'un homme fort, d'une intelligence ayant beaucoup vu et beaucoup retenu. Un peu trop peut-être, car de ci de là, apparaissaient dans les grandes compositions des réminiscences de Böcklin, de Burne-Jones ou même de Grasset, sans toutefois que ces réminiscences fussent gênantes. Il y avait à côté tant d'imagination fraîche et tant de grâce, tant d'heureuses trouvailles et tant de style, que l'on pardonnait à l'artiste d'avoir conservé, par méfiance de lui-même, des attaches qu'il aurait pu si parfaitement dissimuler.

Mais, dans les vues de Paris, où il avait moins à prendre conseil, où le cadre du tableau lui était imposé par les lieux mêmes, quelle aisance, quel goût et quelle délicieuse gravure ! Comme l'on voit que le graveur connaît tout à la fois la disposition décorative et le parti livresque ! La vignette est aussi colorée que possible et le blanc du papier, largement ménagé, y joue son rôle de ton. Les portraits, nombreux, sont d'une excellente construction, tous ressemblants, et d'une facture voisine de la facture romantique, avec plus de souplesse et de richesse toutefois. Florian aurait pu faire un pastiche, s'il avait voulu, mais nous ne sommes plus au temps du *Roi de Bohême et de ses Sept Châteaux* (1830) et le *Paul et Virginie,* de Curmer (1838) avait déjà donné, par ses graveurs anglais, une autre formule, fine et nourrie, qui est à peu de chose près celle de l'artiste que nous étudions.

Il semblait qu'après cet ouvrage, Florian dut voguer vers des destinées plus libres. Il avait, en effet, des projets et des rêves. Il lui eût été doux de laisser s'épanouir son réel talent, tout de sourire, de délicatesse et d'harmonie, son talent moderne et antique, où le dieu Pan semblait animer la multitude des choses, où la vie contemporaine montrait son pittoresque et son charme, à l'exclusion de ses laideurs.

Une terrible destinée guettait ce cerveau plein d'idées, cette main si habile ! La congestion vint poser le doigt de la Fatalité sur ce front, en lui disant : « Tu n'iras pas plus loin ! »

C'était le 1ᵉʳ mai 1904. On crut Florian perdu, sinon pour la vie végétative,
du moins pour l'art. Et nous-mêmes, écrivant sur Renouard, dont il avait
admirablement gravé au burin toute une série « d'instantanés de dessin »
— car Florian est aussi merveilleux sur le cuivre que sur le bois, et ses
fac-simile de Renouard sont de véritables prodiges, — nous disions, avec un
optimisme de convenance :

« Ces croquis « sténographiés » sont difficiles à rendre par les procédés

Enfant dessinant.
Dessin et gravure sur bois en trois couleurs, de F. FLORIAN.

mécaniques et ils n'ont pu être traduits, au gré de Renouard, que par le burin
et la gravure d'une adresse infinie de Frédéric Florian. Florian — que
l'hémiplégie vient d'atteindre en pleine force, *mais heureusement sans le
terrasser* — a fait sur cuivre des fac-similés purs qui sont d'étonnantes
gravures.... Le nom de Florian restera, pour ces trente-deux planches, associé
à celui de Renouard, comme le nom de Clément Bellenger le demeure aux
fusains de Lhermitte. » (*Gazette des Beaux-Arts*, 1904.)

Avec des hommes de la trempe de Florian, le pessimisme n'est pas de
mise. Florian, comme Daniel Vierge, dont il avait été si souvent l'interprète
(et peu d'années auparavant dans un de ses derniers ouvrages, les plus
difficiles à graver : *Le dernier Abencérage*, édité par Pelletan) est un énergique.

Il ne voulut pas céder ; il regarda Thanatos en face. La livide déesse recula. Gœthe a raison : on ne meurt que par défaillance de la volonté. Mais en partant, elle lui laissa sa carte de visite : cette hémiplégie du côté droit, qu'elle avait laissée précédemment à Vierge.

Voilà donc Florian, vivant, pensant, mais réduit de moitié. Sa main droite est inerte, elle pour qui toutes les audaces étaient jeu ! Six semaines se passent. L'homme s'est remis physiquement de la terrible secousse. Il descend dans son jardin. Il est heureux de revoir la nature qu'il adore. Il regarde avec joie,

Ex-Libris de M. Victor Singer.
Dessiné et gravé sur bois, en trois couleurs, par F. Florian.

avec admiration, ces arbres, ces massifs, ces plate-bandes fleuries. Un désir lui vient, il veut fumer. De sa main gauche, il prend le papier, le tabac, il roule une cigarette ! Il peut donc encore faire œuvre utile ?... S'il osait !... On devine sa pensée à son regard et on lui apporte du papier, un crayon. Il s'essaie... Miracle ! Voilà le dessin d'une branche qui apparaît, aussi sûr, aussi ferme qu'il l'eut dessiné jadis de sa main droite. Ses amis Lepère, Henri Martin, Vogel, Gorguet, qui voient ce dessin, l'encouragent, lui présagent la reprise. De ce jour Florian est *rentré dans le monde des artistes*. Deux ans ne se sont pas écoulés qu'il expose des aquarelles à la *Société Nationale* et bientôt il se remet à graver (1).

(1) Il exposa régulièrement des bois en camaïeu depuis 1909.

Florian, dans cette seconde vie, est autre. Il ne referait plus ses prouesses d'autrefois, ces bois si fins, qui étaient comme l'acrobatie du métier. Il a adopté une facture large, sobre, toujours souple, mais se rapprochant davantage de la xylographie. Il a conservé sa sensibilité, son don d'observation, sa science de la composition, la variété de ses conceptions, son sens très harmonieux de la couleur. Ce qui a été emporté dans la tourmente, c'est le graveur de reproduction ; le peintre-graveur est demeuré tout entier.

On pourra juger de sa grande valeur, mieux qu'on ne l'a fait jusqu'ici, quand paraîtront, publiées par Ch. Hessèle, les *Filles du Feu,* de Gérard de Nerval, ce chef d'œuvre romantique, formé de contes si divers qu'il faut à l'artiste qui les illustre, connaître l'antiquité et le temps présent, l'Allemagne, le Far-West, l'Ile de France et le Valois, ou tout au moins posséder l'intuition qui permet de les évoquer, comme un Corneille évoquait les héros de Rome, un Chateaubriand les cérémonies druidiques et les jeux sanglants du Cirque. Florian a déjà commencé à semer de délicieuses vignettes, ces contes exquis ; c'est une œuvre longue et ardue, à la hauteur de sa volonté et de son talent.

L'apparition de ces deux tômes, qui sera un événement dans le monde des arts et dans le monde bibliophilique, sonnera, plus fort que nos paroles, la Pâque allègre de sa résurrection.

CLÉMENT-JANIN.

Le marché à la ferraille.
Dessin et gravure de F. FLORIAN.

Dessin et Gravure par F. FLORIAN.

FRAZIER-SOYE
153-157 RVE MONTMARTRE
PARIS
IMPRESSIONS
D'ART. SPECIA
LITE D'OUVRA
GES DE BIBLIO
PHILIE
HELIOTYPIE
PHOTOTYPIE
SIMILIGRAVURE
TYPOGRAPHIE
LITHOGRAPHIE
TÉLÉPHONE 157-14

Un des derniers bienfaits de la Fée Progrès

Le

PORTE-PLUME IDÉAL WATERMAN

Notice sur les Papeteries d'Arches

La Papeterie d'Arches est une des plus vieilles sinon la plus vieille des fabriques de papiers actuellement existantes en Europe.

L'usine possède dans ses Archives tous les titres de propriété depuis 1492. Ces titres furent exposés à la Section Rétrospective de l'Exposition Universelle de 1900.

Depuis cette époque l'Usine n'eut aucune interruption : elle appartient à la même famille depuis 1790.

De 1784 à 1788 elle appartint au célèbre littérateur BEAUMARCHAIS.

Ses Archives constituent de véritables titres de noblesse dont la Papeterie d'Arches est légitimement fière et dont elle entend se montrer toujours plus digne par un effort incessant fait pour perfectionner sa fabrication et soutenir la réputation mondiale de ses marques.

L'Usine est située dans les Vosges près d'Epinal, au confluent de la Niche et de la Moselle et doit à la pureté incomparable de ses eaux, l'éclat et la souplesse de ses papiers.

Tous les papiers sont fabriqués à la forme. Les chiffons de toiles et de coton de la plus belle qualité forment exclusivement la composition de ses pâtes et les papiers sont collés uniquement à la gélatine.

La production se divise en plusieurs sections auxquelles sont affectés des ateliers spéciaux :

Billets de Banque. — Titres. — Timbres d'Etat. — Papiers à dessin, etc.

Une des branches principales concerne la fabrication des

Papiers pour Éditions de luxe.

Presque tous les ouvrages de luxe sont tirés sur papier d'Arches. Il suffit de parcourir les catalogues des grands éditeurs et des Ventes célèbres pour reconnaître à chaque page l'annonce des exemplaires numérotés *tirés sur " Papiers d'Arches "* c'est la meilleure référence de cette marque connue et recherchée de tous les Bibliophiles.

Arches fabrique des pâtes spéciales pour les diverses impressions : taille-douce, **gravure sur bois, lithographie, photogravure, phototypie,** etc. Chacun de ces genres d'impression réclamant des qualités de papier très différentes.

Principales Récompenses

La papeterie d'Arches figura à toutes les Grandes Expositions *depuis 1823, et y* obtint les plus hautes récompenses.

Nous ne citerons que les plus récentes :

Grand Prix à Paris 1900.

Hors Concours, Membre du Jury à Bruxelles 1910.

M. PERRIGOT, propriétaire actuel, fut fait Chevalier de la Légion d'Honneur le 1er Janvier 1898.

DÉPOT A PARIS : 30, RUE MAZARINE.

PAPIER DE CHINE ET DU JAPON

CHEMINS DE FER DE PARIS-LYON-MÉDITERRANÉE

La Route des Alpes

EVIAN-NICE

GRAND SERVICE D'AUTO-CARS

La Compagnie P.-L.-M. organise, du 1ᵉʳ Juillet au 15 Septembre, un grand service d'auto-cars qui permettra aux Touristes de se rendre du Léman à la Méditerranée, en franchissant les Alpes françaises dans leurs parties les plus inédites et les plus grandioses.

L'itinéraire total comporte cinq étapes d'une journée chacune ; il touche, sur nombre de points, à de très intéressantes régions (Tarentaise, Oisans, Chartreuse, Vercors, Le Queyras, etc.) que desservent d'excellentes lignes secondaires d'auto-cars.

Le voyage est facilité par des combinaisons commodes de Billets circulaires.

CONSULTER LE LIVRET-GUIDE-HORAIRE P.-L.-M.

Stations Thermales

AIX-LES-BAINS, ÉVIAN, MENTHON (LAC D'ANNECY), URIAGE (GRENOBLE) ROYAT, VICHY, VALS, etc.

Billets d'Aller et Retour collectifs, 1ʳᵉ, 2ᵉ et 3ᵉ Classes délivrés aux familles d'au moins trois personnes voyageant ensemble

1ᵉʳ Mai au 15 Octobre
Valables 33 jours. Faculté de prolongation

MINIMUM DE PARCOURS SIMPLE : 150 KILOMÈTRES

ARRÊTS FACULTATIFS

Prix. Les deux premières personnes paient le tarif général, la troisième personne bénéficie d'une réduction de 50 o/o, la quatrième et chacune des suivantes d'une réduction de 75 o/o.

Billets d'Aller et Retour de Vacances à Prix réduits

POUR FAMILLES — 1ʳᵉ, 2ᵉ et 3ᵉ Classes

Délivrés du 15 Juin au 30 Septembre — Validité jusqu'au 5 Novembre

Minimum de parcours simple : 150 kilomètres

ARRÊTS FACULTATIFS AUX GARES DE L'ITINÉRAIRE

Faire la demande de billets quatre jours à l'avance à la Gare de départ

Nota. — Des billets de même nature sont délivrés de toutes gares des réseaux de l'Est, du Nord et de P.-L.-M. pour toutes les gares de chacun de ces réseaux.

FÊTES SUR LE LITTORAL

Billets d'aller et retour, 1ʳᵉ et 2ᵉ classes

POUR

CANNES, NICE
MONACO MONTE-CARLO ET MENTON

Au départ de Paris, Dijon, Lyon (Perrache et Brotteaux), Belfort, Vesoul, Besançon, Gray, Nevers, Is-sur-Tille, Genève, Clermont-Ferrand, Saint-Étienne, Grenoble, Valence, Avignon, Cette, Nîmes.

Ces billets sont délivrés à l'occasion des :

Fêtes de Noël et du Jour de l'An,

Courses de Nice,

Carnaval de Nice,

Régates internationales de Nice et de Cannes,

Vacances de Pâques,

Tir aux pigeons de Monaco.

Validité. 20 jours (dimanches et fêtes compris). Prolongation. Une ou deux périodes de 10 jours, moyennant un supplément égal à 10 o/o du prix du billet pour chaque période.

Arrêts. — Arrêts autorisés, tant à l'aller qu'au retour.

Prix. — Réduction de 25 o/o en 1ʳᵉ classe ; 20 o/o en 2ᵉ classe.

Les dates d'émission sont portées à la connaissance du public par voie d'affiches et d'insertions dans les journaux.

Billets d'Aller et Retour collectifs

délivrés aux Familles d'au moins 3 personnes voyageant ensemble

1° Du 15 Octobre au 15 Mai. Valables 33 jours

1ʳᵉ, 2ᵉ & 3ᵉ CLASSES

Pour **Cassis, La Ciotat, Saint-Cyr-la-Cadière, Bandol, Ollioules-Sanary, La Seyne-Tamaris-sur-Mer, Toulon, Hyères** et toutes les gares situées entre **Saint-Raphaël-Valescure, Grasse, Nice** et **Menton**. Minimum de parcours simple : 150 kilomètres.

2° Du 1ᵉʳ Octobre au 15 Novembre. — Valables jusqu'au 15 Mai

2ᵉ & 3ᵉ CLASSES

Pour **Cassis** et toutes les gares P.-L.-M. au-delà, sous condition d'un parcours simple minimum de 400 kilomètres (Le coupon d'aller n'est valable que du 1ᵉʳ Octobre au 15 Novembre).

Prix. — Les deux premières personnes paient le plein tarif, la troisième personne bénéficie d'une réduction de 50 o/o, la quatrième personne et chacune des suivantes d'une réduction de 75 o/o.

Faculté de prolongation. — Une ou plusieurs périodes de 15 jours moyennant un supplément de 10 o/o du prix du billet pour chaque période.

Arrêts facultatifs aux gares situées sur l'itinéraire.

NOTA. — Demander ces billets 4 jours à l'avance à la gare du départ.

NOTA. — Pour tous renseignements sur les combinaisons de Voyages, relations internationales, horaires, etc., consulter le LIVRET-GUIDE-HORAIRE P.-L.-M., en vente 0 fr. 60 dans toutes les Gares du Réseau.

FRAZIER-SOYE
GRAVEUR-IMPRIMEUR
153-157, RUE MONTMARTRE
PARIS

9 782014 434057